pas ⌠ Tombé

Le Signes glissé Est quand aubout d'un Cran il y a Vne petite
Barre En longueur dupas

pas ⌠ glissé

Le Signes De tourné Vn demy tour Est representé par Vn demy Cercle

tourné Vn   demy tour.

Le Signes de tourné trois quart de tour Est representé par trois quart de
Cercle

tourné trois   quart de tour.

Le Signes de tourné Le tour Entier Est representé par Vn Cercle
Entier.

Tourné un   tour Entier.

RÉPONSE
D'UN BON CHRÉTIEN

AUX PRÉTENDUS SENTIMENS

DES CATHOLIQUES DE FRANCE,

Sur le Mémoire au sujet des Mariages clandestins des Protestans.

Persuasio hæc non est ex eo qui vocat vos.
Gal. V. 8.

Ne soyez point étonné, Monsieur, qu'un François Catholique ait eu le courage de plaider la cause de ses concitoyens Protestans, & qu'il ait fait des efforts pour engager le Gouvernement à diminuer en leur faveur la rigueur des Loix pénales. La charité est le premier devoir de tout homme raisonnable, le premier commandement que le chef des Chrétiens ait donné à ses disciples, & le caractère distinctif auquel il veut les reconnoître.

Cette vertu, qui est la reine de toutes les autres, doit s'étendre, non seulement sur les domestiques de la foi (1), mais aussi sur ceux qui ont le malheur d'être plongés dans l'erreur : Elle souhaite avec une ardeur égale le bonheur spirituel & temporel du prochain ; tout ce qui avance l'un ou l'autre est l'objet de ses vœux ; elle a en horreur tout ce qui y porte obstacle : Elle fait du bien à ses ennemis mêmes : elle se conforme toujours à l'exemple du Sauveur de l'univers, qui intercéda pour ses propres bourreaux.

Cette vérité présupposée, vous ne deviez pas avoir été surpris de voir un Chrétien animé de l'esprit de son Maître compatir au sort d'un peuple nombreux qui depuis 70 ans souffre avec constance des maux inexprimables, qui est exposé à toutes sortes de calamités, & dont un grand nombre chargé de chaînes sur les Galères, ou enfermé dans de sombres cachots, fait retentir le Royaume de ses gémissemens & excite la compassion des cœurs les plus insensibles. Non, Monsieur, il n'est point surprenant que la vue de trois millions d'hommes innocens & malheureux ait excité un cœur juste & tendre à faire tout ce qui dépendoit de lui pour soulager leurs maux. S'il

(1) *Gal. VI.* 10.

y a lieu de s'étonner, c'est que, dans le cen-
tre de la Chrétienté, il se trouve encore des
personnes assez injustes pour étouffer en elles
le cri de la nature, assez cruelles pour sacri-
fier à la prétendue gloire de la Religion les premiers devoirs qu'elle enseigne, & assez pré-
venues pour se flatter de faire passer le zèle
amer qui les anime pour les sentimens d'une
Nation respectable qui porte le glorieux titre
de très-Chrétienne, & dont l'humanité fait le
caractère dominant.

Si le petit écrit que vous avez publié pou-
voit ne tomber qu'entre les mains des personnes instruites & éclairées, j'aurois pu m'épar-
gner la peine d'y répondre. Il y a longtemps
qu'on n'est plus accoutumé de prendre les in-
jures pour des raisons. Mais il seroit fâcheux
que les étrangers jugeassent des sentimens de
notre nation par ceux que vous lui imputez
gratuitement. Il seroit bien plus triste encore,
que des gens mal instruits regardassent, sur
votre parole, les Protestans comme des scé-
lérats déclarés, & que par conséquent ils se
crussent autorisés à traiter ceux qui implorent
en leur faveur la bienveillance du Monarque,
comme des perturbateurs du repos public. Ce

4

feroit enfin un défaftre réel, fi, entraîné pas vos invectives, le Miniftere fe refufoit à cette *tolérance*, que vous traitez de fatale, & que vous envifagez comme le comble du malheur.

Je me flatte d'abord que, pour autorifer l'intolérance que vous prêchez, vous ne chercherez pas à vous appuyer du fuffrage de nos faintes Ecritures, ni du témoignage des Peres de l'Eglife. En effet, ces refpectables autorités vous font entiérement contraires. Je vous ai déja fait obferver que J. C. nous recommande la charité envers tous les hommes, comme le premier caractère de fes difciples. Non content de cette maxime générale, & prévoyant que par la fuite le zèle perfécuteur fe gliffera dans fon Eglife, il nous défend expreffément *d'arracher l'ivraie qui croît parmi le bon grain* (1); il ordonne *qu'on laiffe fubfifter l'un & l'autre jufqu'au temps de la moiffon;* & il déclare qu'il fe réferve à lui feul le jugement de ceux qui n'écoutent point fa voix. Il n'a permis à fes difciples que les remontrances & la perfuafion; & lorfqu'ils oferent franchir ces bornes, lorfqu'ils voulurent faire defcendre le feu du ciel fur les Samari-

____

(1) *Matth. XIII.* 27 & fuiv.

tains qui avoient refufé de rece.ir le Sauveur, l'Evangile nous apprend (1) *qu'il les
reprit en difant : Vous ne fçavez pas de quel
efprit vous êtes ; car le Fils de l'homme n'eft pas
venu pour perdre les hommes , mais pour les fau-
ver.* Après que le S. Efprit eut été répandu
fur les Apôtres, ces refpectables dépofitaires
de la vérité n'ont jamais ceffé d'infpirer les
mêmes fentimens de douceur aux fidéles. Il
eft vrai qu'ils ont féparé de leur communion
ceux qui fcandalifoient l'Eglife , foit par leurs
erreurs, foit par leur conduite : mais ils les
ont plaints en même temps ; *ils ont verfé des
larmes fur le trifte état des ennemis de la croix
de J. C.* (2) ; & ils n'ont point cherché à ren-
dre leur fort encore plus déplorable par les
perfécutions. Ils nous repréfentent toujours
l'Eglife du Sauveur comme fouffrante , comme expofée à mille adverfités (3) , mais jamais comme perfécutante. Ils nous ordonnent
de fupporter les foibles (4) dans leur infirmité ;
de ramener par la charité ceux de nos freres

(1) *Luc. IX.* 55.
(2) *Phil. III.* 18.
(3) *Act. XIV.* 22.
(4) 1. *Theff. V.* 14.
(5) *Gal. VI.* 1.

qui s'égarent, ou qui tombent dans l'erreur(5); & d'édifier par notre conduite ceux qui font hors de l'Eglise (1). Mais ils nous défendent de les haïr ou de les perfécuter.

Fidéles aux enfeignemens des Apôtres, les Peres de la primitive Eglife prêchent les mêmes fentimens dans leurs Ecrits. S. Juftin Martyr enfeigne *que rien n'eft plus contraire à la religion que la contrainte.* Tertullien dit (2) *que c'eft une impiété d'ôter aux hommes la liberté en matiere de religion, puifque toute religion doit être embraffée volontairement & non par force.* S. Hilaire (3), cette lumiere des Gaules, déclare que *Dieu eft le maître de toute chofe, qu'il n'a pas befoin d'une obéiffance extorquée par la néceffité, & qu'il ne cherche point une profeffion de foi forcée.* Si nous en croyons Lactance (4), *la religion forcée n'eft plus religion; c'eft en vain qu'on emploie la force & les mauvais traitemens; il faut perfuader, & non pas contraindre : Nul ne peut être forcé de croire contre fon gré, & la religion ne fe commande point. Il faut employer,* ajoute-

(1) *Col. IV.* 5.
(2) *Apolog. cap. XXIV. ad Scap.*
(3) *Hilar. Lib. I. ad Cont.*
(4) *Lact. Lib. III. & Inftit. Lib. V.*

t'il, *les paroles & non les coups : il eſt impoſſi-
ble d'accorder la vérité avec la violence, ni la
juſtice avec la cruauté.* S. Athanaſe (1) aſſure
que *c'eſt une exécrable héréſie qui vient du
démon, de vouloir attirer par la force, par
les coups, par les empriſonnemens, ceux qu'on
n'a pu perſuader par la raiſon.* S. Auguſtin même, ce Pere qu'un zèle trop ardent emporta
quelquefois contre les Donatiſtes, ne peut
pourtant s'empêcher de conſeiller la tolérance à l'égard des errans : *Je crois, dit-il, que
Dieu uſe de patience envers eux, parce que leur
cœur eſt plus droit que leur créance; & que, s'ils
ſe trompent, c'eſt un mouvement de piété qui les
jette dans l'erreur. Perſécuterons-nous les gens
que Dieu tolére ?*

Ajoutons à ces témoignages des anciens
Peres de l'Egliſe, dont je pourrois facilement
augmenter le nombre par ceux de S. Cyprien,
d'Arnobe, d'Optat de Mileve, de S. Am-
broiſe, de S. Chryſoſtome, de Sulpice Sé-
vere & de Salvien ; ajoutons, dis-je, à ces
témoignages ceux des plus reſpectables Pré-
làts de France, qui ont vécu avant & depuis
le ſeiziéme ſiécle. *Conſeillez, dit S. Bernard,*

(1) *Athan. T. I, pag. 716, édit. de Paris; & alib.*

A iv

màis ne forcez point. Nous ne prétendons point ; c'eſt Cornullier ̀qui parle au nom de tout le Clergé de France *; nous ne prétendons point déraciner les erreurs des Proteſtans par la violence & par la force. La foi doit être libre, & s'inſinuer doucement par inſpiration divine, par patience, par remontrance, & par de lons exemples.* Avant lui Montluc, dans l'Aſſemblée tenue à Fontainebleau le 21 Août 1560, avoit ſoutenu que les plus grandes lumieres de l'Egliſe avoient toujours déſapprouvé la rigueur à l'égard des *hérétiques* ; & que, pour ramener ceux des premiers ſiécles, les Peres des Conciles de Nicée, de Chalcédoine, de Conſtantinople & d'Ephèſe, *n'avoient pas cru que l'on pût employer d'autres armes que la parole de Dieu.* Dans le temps même de la révocation de l'Edit de Nantes, & dans le plus grand feu des perſécutions, le célèbre Fléchier, Evêque de Nîmes, convint *que la foi ſe perſuade, & qu'elle ne ſe commande point ; qu'il faut gagner le cœur par le cœur, & que rien ne conduit ſi naturellement à la vérité que la charité.* A ſon témoignage, vous pourriez ajouter celui du ſçavant Godeau Evêque de Vence, ceux de l'Evêque du Bellay, du Cardinal le Camus Evêque de Grenoble, du grand

Fénélon, & de l'immortel Boſſuet.

Mais je ne veux pas davantage vous acca-
ber d'autorités. Convenez ſeulement que vous
n'auriez pas dû donner vos ſentimens inhu-
mains pour ceux des Catholiques de France :
convenez que, pour les adopter, il faudroit ſe
révolter contre le commandement de J. C.
contre les préceptes des Apôtres, contre le
conſeil, les déclarations & les exemples des
premiers Docteurs de l'Egliſe : convenez enfin, qu'au lieu de faire l'éloge des Catholiques
de France, en leur attribuant vos propres
idées, vous leur avez fait la plus cruelle injure.

Je ſuis cependant bien éloigné, Monſieur,
de regarder le zèle perſécuteur qui vous anime, comme un effet de la malignité de votre
cœu... Si vous voulez qu'on refuſe aux Proteſtans toute eſpéce de tolérance, il faut avouer
que les motifs qui vous y déterminent, ſeroient
aſſez puiſſans, s'ils étoient plus ſolides. Au
lieu donc de vous blâmer, la charité m'oblige
.. vous déſabuſer.

Vous dites qu'en adoptant le ſyſtême de
l'auteur du Mémoire ſur les Mariages des Proteſtans, *on adopteroit des expédiens qui ſeroient*
pires que le mal ; que, bien loin de diminuer
les profanations, on ne feroit qu'augmenter les

ſcandales , les abominations , les troubles ; qu'on
ouvriroit la porte à l'impiété , qu'on affoibliroit
enfin & qu'on détruiroit même la foi Catholique d'un grand nombre. En vous entendant dé-
clamer ainſi , qui ne croiroit que les Proteſtans
ſont les plus grands ſcélérats de l'Univers ? & je
vous avoue que j'ai bien de la peine à vous juſ-
tifier dans mon eſprit. Car, ou vous connoiſſez
les Proteſtans, ou vous ne les connoiſſez pas. Si
vous ne les connoiſſez pas , vous êtes inexcu-
ſable, de dénigrer des gens qui vous ſont in-
connus , & de les faire regarder par le public
mal inſtruit comme des peſtes de la républi-
que , & comme des gens indignes de vivre : &
vous ne concilierez jamais votre procédé
avec la charité Chrétienne, qui préſume toujours le bien, & qui loin de calomnier le prochain, cherche plutôt à couvrir ſes défauts.
Si au contraire vous connoiſſez les Proteſtans ,
en ce cas là vous ſçavez auſſi qu'ils adorent
un même Dieu, un même Sauveur, un même
Eſprit de grace comme nous, qu'ils ſont bapti-
ſés comme nous, qu'ils profeſſent & qu'ils
pratiquent la même Morale que nous, & qu'ils
ne différent d'avec nous que dans la diſcipline
& dans un très-petit nombre de dogmes, dont
le plus important eſt celui de la Tranſubſtan-

tiation. Or je vous demande, où seroient les horreurs, les scandales, les abominations, de tolérer des gens qui, vivant d'ailleurs très-bien, ne feroient point d'accord avec nous sur quelques articles de foi, & qui n'assisteroient pas à nos cérémonies religieuses, parce qu'ils croiroient devoir s'en absenter pour un principe de conscience? Avouez qu'il faut avoir bien mauvaise opinion de ses lecteurs, pour avancer des choses si peu fondées ; ou avoir le cœur bien rempli d'amertume, pour décrier ainsi gratuitement des gens qui ne l'ont jamais mérité.

Croyez-moi, Monsieur ; la foi Catholique ne court aucun risque par la tolérance qu'on accorde aux Protestans. Elle n'en a point couru dans les pays où l'exercice public des deux Religions est autorisé par les loix : elle coureroit encore moins de dangers en France, où l'érudition, la vigilance & la piété des Evêques la mettroient à l'abri de toute surprise. Qui sçait même si l'Eglise n'en seroit pas plus éclairée & plus tranquille ? Peut-être que les derniers troubles ne seroient jamais arrivés, si l'on avoit laissé subsister l'Edit de Nantes ; peut-être que l'esprit des Docteurs ne se seroit jamais replié sur lui-même, s'il avoit eu des adversaires à combattre au dehors.

Si vos craintes pour l'Eglife font vaines, celles pour l'Etat font encore plus frivoles. Il eft vrai que vous nous donnez d'étranges idées des Proteftans : & fi ce que vous leur impofez étoit véritable , la moitié fuffiroit pour déterminer le Gouvernement à les bannir pour toujours du Royaume.

Mais vous ne fongez pas, que dans un fiécle auffi éclairé que le nôtre, les calomnies religieufes ne font plus regardées comme des preuves; qu'en avançant des faits notoirement faux , on s'expofe à recevoir un démenti public ; & qu'un femblable reproche ne doit jamais tomber fur un auteur qui fe déclare être l'interprête des fentimens de tous les Catholiques de France.

Il ne tient pas à vous que l'on ne regarde les Proteftans comme des efprits inquiets , turbulens , prêts à fe révolter , & qui n'ont obtenu les anciens Edits de pacification que les armes à la main & en faifant la guerre à nos Monarques.

Mais permettez-moi de vous demander d'où vous avez tiré ces anecdotes. J'ai lu l'hiftoire de notre Patrie dans les auteurs les plus refpectables ; j'ai furtout étudié celle du 16e. & du 17e fiécle dans de Thou, dans Mezeray, dans le Laboureur, & dans d'autres auteurs contemporains, & audeſſus de tout reproche : & je vous proteſte que j'y ai trouvé tout le contraire de ce que vous avancez. Vous avez lu apparemment les Varillas, les Maimbourg, les Souliers, & d'autres calomniateurs de la même trempe. Apprenez, Monſieur, que ces hiſtoriens ſont appréciés aujourd'hui à leur juſte valeur, & que les amateurs du vrai n'oſent plus s'y rapporter. Faites-moi donc la grace de vous en méfier à votre tour ; & liſez plutôt ceux, qui par leurs lumières & leur droiture ont mérité la confiance de tous les honnêtes gens. Ils vous apprendront, que les Proteſtans du 16e ſiécle ont ſouffert avec patience les perſécutions les plus affreuſes, ſous les régnes de François premier & de Henri II ; qu'ils n'ont pris les armes, ſous la minorité de Charles IX, qu'à la réquiſition de la Reine mere Régente, & des Princes du Sang Royal, & pour délivrer leur Souverain de l'oppreſſion où il étoit retenu par la maiſon de Lorraine qui vouloit s'emparer du trône. Vous y verrez, que malgré le maſſacre de la ſaint Barthelemy, que vos principes ſemblent autoriſer, quoique l'univers le déteſte ; vous y verrez, dis-je, que les Proteſtans ont combattu à côté de nos Rois, d'autant plus facilement ? Mais heureusement nous sçavons à quoi nous en tenir à cet égard. Vos principes dangereux n'altéreront pas la confiance que tout bon François doit avoir dans la parole sacrée de nos Monarques. On peut surprendre leur Religion, comme on a fait pour engager Louis XIV à révoquer l'Edit de Nantes. On peut former pendant quelque temps un nuage épais entre la vérité & le trône. Mais tôt ou tard ce nuage est dissipé, la vérité perce, & l'innocence retrouve un protecteur. Puissiez-vous, Monsieur, en attendant que le Monarque *Bienaimé* qui nous gouverne s'attendrisse sur le sort de ses sujets Protestans ; puissiez-vous revenir de vos erreurs à leur égard ; & au lieu de chercher à aggraver leur joug, joindre vos suffrages à ceux de tous les bons citoyens & de tous les véritables Catholiques, pour soulager *ces freres errans*, & pour tâcher de les ramener dans le sein de l'Eglise par la douceur & la charité, après avoir inutilement essayé la violence & les persécutions.

J'ai l'honneur d'être, &c.

Le signes de poser la pointe du pied   Sans que le Corps y soit porté Est
quand il y a un point directement au bout de ce qui represente la pointe
du pied.

poser la pointe du pied (sans que le Corps y soit porté

Le signes de poser le talon Sans que le Corps y soit porté Est lors
qu'il y a un point directement derriere ce qui represente le talon.

. poser le talon sans (que le Corps y soit porté

Le Signes de plier Est quand [...]
du Costé de la petite teste non

        pas { plié

Le Signes deléuer, Est quand Sur Vn pas il y a Vn pety craut toudroit

        pas { Eleué

Le Signes de Sauté Est   Lors quil y En a deux

9 782329 173320